LA SOMBRA DEL ZAPATO

Jesús Aparicio González

LA SOMBRA
DEL ZAPATO

A Puri
tras treinta años caminando juntos
en la Paz del Señor.

«¡Qué hermosos son sobre los montes
los pies del mensajero
que anuncian la paz!»

Isaías 52, 7

I
LA SOMBRA
DEL ZAPATO

Los zapatos en que espero
el tiempo de mi partida
tienen dos alas de cuero
para sostener mi vida.

RAFAEL MORALES

CENTINELA (POÉTICA)

como un gallo que no
acierta a pronunciar el primer ki

y espera horas ciegas a que se ponga el sol
y sus cenizas
—otra vez—
hagan chispa
entre dos hojas verdes

mantén guardia en la puerta y no hagas ruido.

PROBANDO UNOS ZAPATOS NUEVOS

Hemos perdido el tiempo y lo sabemos.
Nada sirve buscar en esta hora
las huellas enterradas. Probemos
a calzar el instante haciendo marca.

A veces es el tiempo quien nos busca,
nos debe —y lo sabe— esos espejos
rotos por el azar de una mala pisada,
nos busca pero ya somos pasado
sin reflejo en el polvo del camino.

A veces es el tiempo quien nos busca
—inútilmente— mientras estamos persiguiendo
la quimera de vernos con zapatos
de un niño nuevo.

LA SOMBRA DEL ZAPATO

Refugio y vuelo.
Celda donde se gesta un cosmos.
Su forma nos retrata,
su fondo inicia un viaje
al centro del espíritu.
Nada en ella denuncia nuestros límites,
todo se extiende en universo oscuro.
Sobre ella flota la palabra
que ilumina y engendra
esa muerte que nos hará eternos.

CÁLZATE

1

Cálzate la memoria
cálzate una mirada
cálzate voz y música
cálzate tu perfume
cálzate piel y sal,
anda el mundo imprevisto
que te crece por dentro.

2

El camino despierta
en el hombre que busca
una palabra, pan
en la flor del romero,
ignorados azules,
sorpresas que se ofrecen
vírgenes y con alas.

3

El caminante carga
ligera su mochila
delgada su ambición
y ante su primer paso
es su mayor deseo
descubrir la manera
de atarse los cordones.

EN EL CAMINO

Alegra el llano la flor del romero
desafía a la soledad brotando,
creciendo al borde de la carretera.

Ningún pasado lastra sus azules,
ninguna prisa impide a su perfume
escribir y cantar otro milagro:

ha vencido al asfalto y lo cuartea,
lo ha roto con su raíz en búsqueda
de más luz, de más cielo por hacer.

VIVIENDO

fuera de ti,
en el capricho de los otros, sabes
que nunca serás libre;
sus deseos son rejas
mohosas, frías, grises.

Pero si él entra en tu casa vestido de arco iris
y lo reconoces
si tu oído escucha su armonía
si tu lengua le canta con sus letras
si tu mirada ve desde sus ojos
si tus dedos son de sus manos
su voluntad te ata
entonces para siempre
a aquello que es más libre
dentro de ti.

NO SE ESCONDE

No se esconde aquí, don de la nada,
esa cerilla breve de lo gratuito,
su posibilidad de incendio, no se esconde
entre papeles mojados en lágrimas.

Se desvela en el caminar despacio,
con los zapatos nuevos, otro destino
adivinado en la sombra de los chopos
donde un nido de pájaros canta su secreto.

No se esconde la mirada de otro
debajo de la cama.

SIN DESTINO

Salta, se rasca el ala,
deja huella en la arena,
lima el pico en la piedra,
sin rumbo busca el agua.

Mi sombra no le alcanza.

Entre hojas secas
descubre ese gorrión
polen de caléndula.

MENDIGOS FELICES

Casa, a cielo abierto.
Vestido, de la tela que nos dejen.
Pan, compartido con los pájaros.

En las aguas de un río que es de todos
bebemos y dejamos corra al mar
la barca de los sueños que nos sobran.

Para que nuestros hijos no gasten abogados
negamos nuestra condición de reyes.

En nuestro reino nadie se guarda las monedas
en nuestro reino nadie pelea los sombreros
en nuestro reino nadie recuerda nuestros nombres
en nuestro reino somos los mendigos felices
portando la corona de lo inútil.

MILAGRO EN EL TEJADO

Admira cómo crece y se apaga
todo azul,
cómo se deconstruye el día
en esa transparencia ilegible
donde ha buscado
reconocerse viva,
pensativa y alegre,
solitaria y princesa:

brota y respira
una mata de espliego
en el tejado.

LA RENOVADA ORQUESTA DE LOS SENTIDOS

El oído precede
a la huella,

la mano come barro
y ensaya un templo,

el ojo parte el pan
con un desconocido,

el perfume del fuego
canta en una lengua extraña,

esta lengua se llena
de vientos nuevos

y vierte en ofrenda bendiciones
sobre un mundo sin cicatrices
ni lluvia censurada.

HE FALLADO

He pisado una flor.
La de hoy no es la de ayer
mas la refleja
y no es la de mañana
mas la predice.
He pisado una flor,
sus pétalos denuncian
que soy humano,
sus pétalos me enfrentan
a ese dragón
llamado mundo.

ESPEJOS

Tablilla, papiro, folio, octavilla...
en el aire, en el agua, bajo tierra...
triangular, ovalado, redondo, cuadrado...
con marco de arcilla, madera, metal, plástico...
en blanco y negro o imaginando su arcoíris.
Testigo de brisas y tempestades.
Su pantalla nos hace.
Ensaya una luz.

La forma del espejo abriga el canto
de lo que somos hoy.

COMO EL POEMA

Como el poema
todo se escribe por primera vez,

el agua cuando pasa
el caño de la fuente,

esa abeja libando
polen de una amapola,

la saliva que crece en mi boca
al mordisquear una espiga seca,

el viento que deslee
este jardín silvestre por primera
y por única vez

como el poema.

HOY VUELVO

A la mesa que es campo abierto a siembras
que construyen memoria,

a la fruta que huele a infancia
y a sol trabajando en sus milagros,

a la letra que es resplandor
iluminando el cielo de los parques,

a la duda que como alegre tiovivo
le da vueltas a un mismo poema,

a la escuela que enseña a navegar
en pantallas sin esquinas,

a la excusa del sueño
para perderme,

a la tierra prometida
sin excusa.

Hoy resisto.

DELIRIO DE BAUDELAIRE

He soñado que amaba a dos mujeres
en desatadas sombras y por los mismos templos
al paso del inesperado
e inédito devenir
de un solo día.

Al abrirse mis ojos
de esos fantasmas desconocía
quién guardaba de mí
más amor
menos futuro.

HAY PALABRAS

Hay palabras que se cansaron de decir
lo que ayer decían
y se han sentado a repensarse
—libres de deudas, al borde del abismo—
y dispuestas a hacer un diccionario
de sentidos cambiados.

Descubrieron, escuchando sus ecos,
que la voz que tenían
no era la suya
y han negado su espíritu de rosa,
de rostro, de ventana, de camino….

Con el tiempo un poeta
las rescatará del infierno
de las voces vacías.

AMOR DE ESPACIO

Sin motivo que la limite
esta azarosa lluvia
se desliza hacia un campo
herido por la sed
y ciego por la estrella
a quien ama.

Desde su altura el cielo
busca entrar a lo hondo
en la ancha tierra.

ESCALERA DE CARACOL

¿Quién baja? ¿Quién sube?

Cuando dos vidas se cruzan
hay una que huye
hacia lo más oscuro
hay otra que escapa
buscando más azul.

Un instante sus luces intercambian
una misma mirada.

¿Quién sube? ¿Quién baja?

DESDE EL FRÍO

Antes madruga el hielo.
La piel se encoge
y la niebla construye ausencias
pues queda el camino
todavía sin huellas.

El aliento, si es nuestro,
quiere precipitar la llama.

Desde el frío también se sueña
que los dedos despierten.

MIENTRAS DUERME

Anoche se durmió con savia ajena
hormigueando entre sus pies
y el poema del árbol en semilla
soñando sus raíces.

Creer
en los futuros frutos,
recrear esperanzas entre sábanas
de tierra virgen
le sostiene
aun cerrados los ojos

hasta que la esperanza de ese árbol
que nunca muere cumpla su promesa
 y cree nueva vida.

CONVENCE

Guarda tus puños
en el desván de los trastos inútiles
y mira los espejos con afecto.

Vencer solo
(sin acento) y mudo
no nos da la victoria.

Convence
con la mano abierta
con un verso nuevo entre dos haciéndose
con una copa alzada, a dos manos.

Del otro como tuyo
es la copa del triunfo.

NIEVE EN LA MADERA

En ausencia de gorriones
la nieve se adhiere a la madera
en un banco del parque.

Las cáscaras de pipa
que ayer fueron pasado
se duermen para siempre
sin esquela ni mármol.

Se espera un pan nuevo
—pan de amor que nos salve del vacío —
cuando no llega nadie
y el silencio ensaya
melodías ocultas
para oídos lejanos
que encuentren su sentido.

UN HOMBRE LEVANTÁNDOSE

Quien resiste del viento bofetadas
pierde el miedo a la burla del destino.

Quien pisa en la arena cristales rotos
lava con sangre sueños imperfectos.

Quien tiene un enemigo tiene un campo
de amapolas aún por bautizar.

EL POETA CONTEMPLA LOS ÁNGELES DEL GRECO

> «Los ángeles no saben a menudo si se mueven
> entre los vivos o entre los muertos.»
>
> RAINER MARÍA RILKE

Toda luz ha surgido de lo oscuro,
toda música de un arpa abandonada,
todo canto en la raíz del silencio.

Mi ángel es terrible y hermoso:
en sus ojos está el resplandor
de ese polvo de estrellas
que prorrumpió en llanto
y la luz tenue de envejecidas auroras
que cerrará un suspiro.

Me lleva de la mano
como a un eterno nieto
que juega solitario en la alameda
con las plumas perdidas de los pájaros.

Si no me suelta el ángel
me elevará a lo alto en donde encuentro
los cielos y la tierra
que ayer me precedieron.

RECONCÍLIATE

con el patio vacío,
la pelota pinchada
y tu firma, ya oculta por los años,
que grabaste a cuchillo
en el tronco de un árbol.

Reconciliarse es volver
a respirar el polen
que nos hizo amigos de las abejas.

Reconcíliate con las ruinas
de la casa que te vio nacer.

Reconcíliate ahora con el niño que fuiste.

Reconcíliate con esa taza de loza
que al caer se ha partido,
con ese sueño inútil
que la arrancó
de tus dedos.

UN TESORO OLVIDADO

En la buhardilla el polvo
de un sol antiguo.
En un arcón con ropa vieja
los pantalones cortos con olor a naftalina
y en un bolsillo la moneda
de la renuncia que ahorró unos dulces.

Una moneda ajada
sin rostro descifrable.
Hoy ¿a quién entregarla?

AUTORREPROCHE DE UN HOMBRE TRANQUILO

Si todo —que es bien poco y excesivo—,
la vida con sus flores y accidentes,
todo aquello que de verdad importa
me ha sido dado

¿por qué estas ganas
estas ansias por recibir,
a cuenta y por adelantado,
lo que nadie al fin y a su tiempo
me va a negar?

EN TREN DE CERCANÍAS

Me gusta el tren
que mueve para mí los paisajes
mientras me acerca a mi destino.
Yo me dejo llevar
desprendido de agobios, confiado,
rodeado por todos esos mundos
que crean las personas
que viajan a mi lado.
Son mundos como el mío aún por hacerse,
de largo o corto recorrido,
que tal vez olvidaron — y no importa —
la estación de salida.
Algunos como yo no llevan equipaje,
otros arrastran sus pesados fardos.
En el silencio ocultan
el ser y sus circunstancias.
Pero tampoco importa.
Importa (o no) saber
la estación de llegada.

UN RELOJ TRANSMUTADO

Ayer tu soledad
contemplaba al reloj
cual paloma enjaulada
que leía y cantaba
a esa «virgen de humo
de tu adolescencia».

(Ya en la madurez
creías suficientemente
versado y recorrido
rehuido y abandonado
el espacio infinito
de la tristeza)

Y hoy el reloj
es ese buitre
que espera la caída
el agotarse de la carne inútil
de un prematuro anciano.

VIDA DE POETA

El arte de la vida del poeta
es estar siempre ocupado
sin tener nada que hacer.

H.D. THOREAU

Mirar con hambre
el color del deseo,
agradecer tras la paciente espera
como cae sin ruido a tu lado

acariciar la perfección de su cáscara
y explorar sin rendirse el nuevo mundo,
el mapa de los sueños que dibujan
los sabios límites de sus arrugas

acogerla en abrazo haciendo nido
con las palmas calientes de tus manos

apretar sin temor a hacerte sangre,
cascar la nuez

dar su corazón a los pájaros.

LA RUEDA

Una semilla de sol son los ojos
admirados de un niño, no es un niño
es una alegre muchacha en la plaza,
no es una alegre muchacha en la plaza
es un padre bebiendo en una fuente,
no es un padre bebiendo en una fuente
es un anciano sin memoria en un parque,
no es un anciano sin memoria en un parque
y será una hoguera sin llamas, en huida.

PARA SALVAR A UN SUICIDA

Ser lazarillo
y enseñarle a sacarse
la mota que le ciega en la tormenta,

ser lazarillo y esperar
que de ese cardo o piedra haga semilla
enterrada en un surco sin memoria,

ser lazarillo en su tiempo
y ayudarle a escribirlo y llenarlo
para que no encuentre espacio
ningún papel vacío
en que precipitarse.

TIEMPO DE DIOS

En esta hora blanca,
descalza y lenta,
en que un viento suave
pasa por el jardín
y arrincona y olvida
las hojas secas
que ha descartado el sauce
de entre sus sueños

surge a imagen y semejanza
de un corazón que ve por primera vez los colores:
una mariposa,

esa oportunidad que sobrevuela
un instante en tu atenta lupa
—y que deseas inmortal—
como otro reencontrado
primer y único verso.

UN LIBRO

Mece tu cuna,
te lleva de la mano por el parque
 y juega contigo en la arena
donde inventas el mundo

su beso te desnuda
y cedes a la magia —al fin—
de una palabra entendida y cantada

cura esas dobleces del carácter
que te atan al miedo
y defiende tu pan de los leones
con las acotaciones al margen
que han sembrado los años

te devuelve a la vida entre las sábanas
de una cama de hospital
 y recrea entre sus páginas
—que ayer reescribiste—
esa eternidad que un futuro lector
devolverá a tus ojos.

RESURRECCIÓN

Siempre que miro frente a mí a ese muro
levantado de piedra opaca y muda,
siento como me invita su vacío
a crecerme y saltar e inventar
su otro lado,
esa realidad que espera llenarse
de un hombre ya sin vendas.

ENTRE RUINAS

Por aquí se mataron con mazas de madera,
garrotes de metal, con hondas, arcos, flechas,
lanzas de hoja puntiaguda de cobre y bronce,
espadas y tridentes,
montando en carros y caballerías,
con torres de asedio y arietes,
a cuchillo y pistola, fusiles y cañones,
vehículos blindados que escupen fuego,
bombas convencionales, de racimo, nucleares,
con gas mostaza, gas sarín, cianuro de hidrógeno,
fosgeno…..
por tierra, mar y aire,
justificando envidias, odios, venganzas,
lecciones de los dioses,
prevenciones humanas…

Entre los dedos una piedra
que lo vio todo y calla
porque no entiende nada de la Historia.

CUANDO LOS GIRASOLES

Cuando de pronto en Junio los girasoles
esconden su amarilla melena de león
en la desesperanza de la noche

aún recuerdan esa luz azul
que dio impulsó a sus células motoras
para bombear por sus venas
emocionados cantos
mirando al sol

y entonces velan ciegos
la semilla escondida
de un verso nuevo.

PEQUEÑO CONTRATIEMPO

Una brisa enemiga
me sale al paso.

Ciega y duele el azar,
golpea con su dedo invisible
nuestro diario fluir.

Grano de arena
vertido por el viento
sobre mi ojo.

POSTURAS

En horizontal sesteando sobre
la hierba de un verano cuajado de espliego,

sentado en un peldaño de escalera
en ese patio abierto de mi infancia,

en vertical
imitando a los chopos
que el río sueña,

en árbol gateado y andando por las ramas,
saltando por las nubes e imaginando un vuelo,

toda postura es buena hasta que sube
la leche derramada en las palabras.

PUZZLE

Recompón los pedazos
en un vaso de agua,

los pedazos de un río
en donde no se baña
ni el niño que recuerdas
ni el viejo que te aguarda.

Bébete los fragmentos
del hombre que hoy te llama.

BREVE HISTORIA DE UN ESCRITOR QUE SE HIZO POETA

Empezó a contar las aventuras
deseos e inventados amores, sueños, glorias,
de un adolescente que no sabía
ritmar ni vivir.

Encontró suficientes regalos del azar
para que su destino se perdiera
entre lápices muertos y la necesidad
de comer día a día.

Poco a poco se fue acostumbrando a la deserción.
Se le fue adelgazando la escritura
hasta que una mañana
se dio al canto:
vivo.

TE DEJASTE CAER…

Te dejaste caer avanzada la noche,
guardando las palabras que resumen un día
como todos: más luces borradas con la lluvia.

Mientras duermes, despacio
y en la hoguera profunda
de ese cosmos sin reglas
que es el deseo, arden
astillas viejas
al tiempo que se calza
un nuevo día.

Desempolvando el cuerpo en la mañana,
quitándole telarañas al sueño,
descubres que ninguno se repite.
Nunca abrazas una misma semilla.

OBJETIVO AL REVÉS

Ocurre con los años
que el pensamiento de los hombres
enferma de mirar hacia atrás

y estos ojos adultos ya no ven
universos pintados en el lienzo
del deseo con pinceles en llamas

y las manos se sienten inútiles
envueltas en los guantes
de una ilusión adolescente

y los pies no aciertan
a andar en los océanos de indefensos mensajes
que es el seno materno.

No se puede vivir
en el futuro que nunca llegó.

DOMINGO

Para algunas personas el domingo
es el último día de la semana,
para otras inaugura la siguiente,
a muchas, sin embargo, ese tiempo
lento que no encuentra la salida
en los parques, les lleva a contemplar
cual comen palomitas las palomas
de su infancia y como sus recuerdos...
atesoran fracasos, pocas luces,
y un querer sin poder en días grises
con bolsillos vacíos y añoranza
de un futuro que es hoy y que se escapa.

SI QUISIMOS LA LUNA

si quisimos la luna
si el año corre apremia
si el libro en su final
y todo por decir
si la fiesta no fue
esa que esperábamos
si el trabajo es rutina
si los hijos que crecen
y la casa se agrieta
si se seca el pantano
y el amor lo que era

muchas veces septiembre
entra en conversación
con las flores de plástico
de una sala de espera

EL RECUERDO DE UN CUENTO
ADOLESCENTE

En la copa de un árbol vive un hombre que oculta
su figura y su rostro al resto de los hombres.
El azar le regala lo que cumple a su vida.
Nunca se cae ni baja por su propio deseo.
El miedo a descubrirse le ha enseñado a callar
y a guardar la sonrisa para amigos de rama.
En tardes de tormenta se abraza fuerte al tronco
y pide al dios del viento que nada le derribe.
En días de bonanza quisiera dar color
y brillo a su palabra, que le deje sentirse
un hombre de la calle al que todos saludan,
pues luce el corazón lo que esconde a los ojos.
Este hombre invisible es feliz en su árbol
porque le da su fruta gratis, gratis le escucha.

PLÁCIDO OTOÑO

A pesar de tanta hierba segada
y las primeras nubes grises
el otoño no es una mala época.

Al campo se le exige ya muy poco
y los rosales secos parecen dormir plácidamente.

Un hombre se pasea en silencio
con la conciencia de haber cumplido
superando con nota los rigores
de estar a tono en la fiesta del verano.

Anochece más pronto y la lectura
es más pausada y sin urgencias
que fuercen la memoria.

Los árboles se quedan
huérfanos de banderas y de nidos
y los hijos se van
como las golondrinas.

Cuanto ha quedado atrás
nos parece mentira.

UN DÍA EN BLANCO

Un día en blanco
es el paciente oído del olivo,
es la siesta sin prisas de un viejo lagarto,
es el lento deseo que supura el caracol.
Un día en blanco
cumple disciplinado su designio,
una función vital que impulsa el crecimiento,
traer, llevar el polvo
de una inquietud
y esa lluvia melancólica y muda
que fertiliza nuestros sueños.
Un día en blanco
nos prepara el color, el barro, un viento nuevo,
el fruto, la granada abierta
de un lejano mañana
tan encima.

FOTOGRAFÍA ESPIRITUAL DE UN OLIVO

Raíces que han guardado
memoria de otros tiempos
y que en lo oscuro beben,
del silencio aprehendiendo,
lo que la tierra incuba:
pasión, dolor y sueño.

Tronco al que se abrazan
el niño con sus cuentos
el hombre con sus dudas
el viejo con sus miedos.

Ramas por las que asoma
la vida a un mundo incierto.
Hojas que no se pierden,
guardan un verde eterno.
Fruto que es ofrecido
a cuantos van creciendo.

Y alas las del gorrión
que busca un cielo nuevo
mirando desde lo alto
de este olivo al que quiero.

LAS CUATRO DE LA MAÑANA

A esta hora el ordenador
sólo deja escribir eñes,

cómplice del Silencio de la noche
se arropa con la Última palabra
del día anterior y…

Espera insomne
encerrado en su Ñada
a que el Olvido
de lo que no fue vida le despierte
a un ñuevo sol.

ÉBOLA

Si en los ojos de África,

rojos de compartir el insomnio y los versos
de un murciélago loco
y sus 38,6 grados
de pobreza e infierno,

ves la sed del ahogado
en el río egoísta e indiferente
que les llega del norte,

que te busca y pregunta por tu alma
implorando una mano
que les salve y redima
del olvido asesino,

y te vuelves al fútbol y le das la espalda,

habrás cogido un virus
ignorando el por qué y sin protocolo
que te lleva a la muerte.

EN EL DESVÁN

Una caja incompleta de tizas de colores,
un borrador mordido
por el paso inclemente de los años,
una pizarra chica
con las esquinas rotas
de pantalla en verde oscuro,

arrinconada
y escrita con caligrafía infantil,

sobrevolando entre cuatro trastos
viejos, llenos de polvo,
mudos hoy para el sueño,
inútiles y nostálgicamente necesarios,

la palabra paz.

UNA HOJA CAÍDA

Cumplida su misión, la hoja caída
no vuelve al árbol.
Invitada a una copa de rocío
supo beberla hasta despertar,
hinchándose gozosa con los primeros rayos de sol.
Con el viento vivió amores
y derramó sus verdes desbocados
entre las alas de una lluvia estival.
Soñó y sufrió y, con todo, fue feliz.
Perdida la memoria,
—la savia agradecida y en paz—
como fruta madura abandonó su rama.
Cuando todas las hojas se vencen y caen
¡Dios mío! cuánta nada y qué solo
se queda el árbol.

HACIA LO HONDO

Le dices que si quiere escribir
de lo que llega y queda, de lo que queda y pasa,
de lo que nace y vive haciéndose otra cosa,
de lo que muere sobreviviendo iluminado
al deshacerse eterno en lo más nuevo,
que si quiere escribir de ese otro mundo
que es el alma interior que nos gobierna,
debe adentrarse hambriento en su hormiguero
y horadar en lo oscuro para amar
la claridad que viene sin pensarla,
debe quedarse en su rincón soñado
y escuchar a la piedra para amar
la música que en el silencio llama,
debe elevarse desde la alta cima
y el corazón abrir al aire amando
cuanta belleza el cielo nos regala.
Y que se esconda y vaya hacia lo hondo.

FLORES PINTADAS

Danza ansiosa una abeja sobre un toldo
de tela floreada.
Pintada la rosa.
De artificio los sueños y hueca la esperanza.
Insiste el aguijón sobre la nada,
busca su polen en la ajada foto
de una mentira.
Desgastados colores.
Vano alimento.
Para un vano vivir.
Vivir al menos.

FANTASMAS

Son ciertos los fantasmas que se esconden
bajo la almohada y nos agitan, vuelcan
los sueños por debajo de la cama
y nos muestran caminos vírgenes
aún por descubrir.
Son ciertos los fantasmas, tienen vida
y nos animan, nos empujan, soplan
en nuestra escasa fe y nos dan alas
para ir alcanzando en cortos vuelos
la meta, el arte, el gozo de ir viviendo.
Son ciertos los fantasmas que contemplan
el movimiento desatalentado,
el torpe balbuceo, la ilegible
caligrafía de cuando queremos
hacer la luz juntando huecas sílabas.
Son ciertos los fantasmas que nos guían
la mano por el cuerpo del papel
para dejar la vida.

CESTA CON LLAVES

Estas llaves ya no abrirán ninguna puerta.
Aulas, despachos, almacenes, despensas, internado…
renovaron los ojos,
los dedos que escribieron la memoria
que daban paso al juego de la vida
por estancias en donde ya no queda
ni el polvo de las sombras
al soñarse felices.

Ya se han quedado viejos e inservibles
sus dientes que no encajan
con un mundo al que nadie
enseñará su metal enmohecido.

Cuánta nostalgia vence entre los dedos
al no encontrar la llave
que hoy busco.

TRINIDAD

La poesía nace,
vive y muere en los ojos.
Shakespeare lo dijo del amor.
Los ojos de la madre,
los ojos de la amada
y los ojos de Dios.

Las tres mujeres
que han alimentado
tu corazón.

IMPERATIVO

Admira, alcanza,
corta, llama, entrega,
besa y desaparece.

Tu vida dura
—don de lo bello—
lo que un ramo de flores.

EN EL ESTRADO

me miráis y no estoy,
por vosotros me obligo a hablar
¿no os bastan mis versos?

Pero no voy a hablar yo
nos hablará él
el otro —el que escribe— que es más que yo.

Inclinado sobre su libro
tal vez me busque para llenar el desierto.

Él me inventa un latido
que no lo reconoce como suyo
porque callo.

TEJAS ABAJO

Mira cúpula y arcos destrozados,
desmoronados sobre el tiempo huido.
Mira humedad y polvo en las maderas,
astilladas, partidas de abandono.
Mira crecer la yedra en las paredes,
agrietando de ausencias el futuro.
Mira en el centro plásticos, cenizas
de una fiesta apagada hace ya siglos.
Mira en un rincón cristales rotos,
restos de soledad embotellada.

Pero mira también que algo se cría,
algo se mueve y pide pan piando:
tejas abajo, entre los escombros,
aún conservan su nido unos pájaros.

LASTRE

Asciendo y me despojo
de rostros viejos
que ayer fueron imágenes
de una verdad
y hoy sólo máscaras.

Asciendo renunciando
a los papeles muertos
que alfombraron mi tierra
de silencios incómodos
que abrasan.

Asciendo y desplumo
mis alas de canciones
que no son más que ruido
y han dejado sin aire
a quien canta.

Cuando más rompo y tiro
más peldaños añado
a la escalera.

EL ÚLTIMO VUELO

Una ventana abierta hacia la muerte
y el imán de la tierra que te engaña
con el miedo a ser libre.

Del asfalto unas alas transparentes
te desclavan y llevan a ese viaje
del que sólo se vuelve
transfigurado en lluvia
de mañana.

LA BRISA EN EL JARDÍN (POÉTICA)

No es nada. Apenas mueve
las hojas del olivo.
No es nada y sin embargo
conoce al milímetro
el reflejo del agua
que el riego deja escrito.

Esta brisa levanta
las faldas al silencio
y desvela un instante
algo puro y secreto
que hace magia y son
de un soñar ciego.

APUNTES PARA OTRA POÉTICA

I

Cuando el día
aún sin proyecto
empieza a tener sed
una gota de lluvia entre los dedos
alcanza esos labios
en los que crecerá el son
que hace el ser.

II

Una palabra llama a otra,
ninguna sobrevive sola.

II
LOS SECRETOS
DEL POLEN

POEMA PRÓLOGO

En una gota de agua
se pueden escuchar
los sueños de ese barro
que han dado voz al bosque.

Desnudo de memoria
un estanque encendido
dibuja su horizonte
que quiere ser paisaje

de un cosmos interior
en el que bailan pájaros
que están en el secreto
de la Otra mirada.

I

El punto prefigura
la línea y el dibujo,
su sólo movimiento
desenreda el vacío.

El punto abarca entero
la órbita de una estrella
que se ha dejado ver
en una gota de agua.

El punto es ese círculo
— anillo fecundado —
que creciendo se adentra
en el mar que nos viene.

II

En el silencio azul
hoy se puede escuchar
el secreto latido
de las grullas volando.

En esta calma almada
el ritmo del vivir
aletea y presagia
del canto su niñez.

Testigo de esta paz,
sobre el hilo finísimo
de la contemplación,
el vate calla aún.

III

Se deshace la hoja
seca del olmo viejo
entre mis dedos. Muestra
su esqueleto al aire.

No le queda dolor
al otoño. Se duerme
sobre el barro y calla
su luz y su sentido
hasta la primavera.

Han de brotar de nuevo
hojas verdes al árbol
de ojos eternos.

IV

Atardecer del bosque,
cuando callan los pájaros
penumbra y soledad
dan su voz a los pinos.

Anochecer del bosque,
sin lobos y sin luna
nuestro cabello al viento
adivina un destino.

Amanecer del bosque,
con el don de la escarcha
una inédita luz
desvela su infinito.

V

Un camino sin huellas,
horizonte apagándose,
la luna por el este,
repican las campanas.

Él no sabe su nombre,
qué le ha traído aquí,
si hay pájaros nocturnos
que guardan un secreto.

Desnudo de memoria
de ambición y de apegos
una sola verdad
ha de ser su salida.

VI

En soledad semillas
tejen cuerpo y voz,
claridad e inocencia
de un paisaje futuro.

En soledad la espiga
bebe en lago sin límites
las luces aquietadas
del sol que le acaricia.

En soledad el pan
alimenta los pájaros
que en soledad escuchan
el preludio del canto.

VII

En estanque encendido
esa hoja que bebió
el amor en su espejo
tuvo ya su crepúsculo.

En el estanque helado
esta última hoja
que se rindió al silencio
tiene aquí su crepúsculo.

El de ayer, el de hoy,
el de mañana: ocultos.
Todos los soles mueren
pero el Sol permanece.

VIII

En tierra en descampado
frente a horizonte ignoto
a cielo abierto, creces.

Corazón despojado
de ruinas interiores
despierta, se levanta.
Lo sencillo al alcance
de quien sabe escuchar
la voz del arcoíris.

Y se deja, sin miedo,
conducir, ser mudado,
por la Otra mirada.

IX

Si quieres ser paisaje
en los ojos del mundo
sabes que permanece
la flor en su raíz
aunque el sol la marchite.

Para crecer por fuera
te has buscado por dentro
y has oído el murmullo
de la sangre en cascada
sobre las piedras vírgenes.

Todo esto lo aceptas,
solo esto te basta.

X

Estás en el secreto
del polen que te baña,
de cuanto nadie ha visto
y todos han pisado.

Al borde del camino
enraíza luz del cielo
un don entre los cardos,
perlas entre amapolas.

Hay que mirar abajo,
lo más preciado está
en los tímidos cuernos
de un caracol.

XI

Palabras como trigo
que traducen al sol
los silencios del agua
ascendiendo en la espiga.

Palabras que en la uva
se están pensando el vino
que hará nuevo el otoño
y fértil la canción.

Palabras aun no escritas
preñadas en lo oscuro
de inéditos colores,
de transparencia y ser.

XII

En un desierto inmenso
respira a sus anchas.

El poeta está contando
cuántos granos de arena
impulsa con su aliento.

No hay nadie que prohíba
no hacer nada.

Y de su soledad
sus ojos asombrados
han visto que brotaban
las nubes vegetales
que dan vida a sus dedos.

XIII

Tu voluntad se alza
dejándose llevar
tras el vuelo infinito
de una infantil cometa.

Hay tiempo por delante
mientras sopla la vida
y te enseña a viajar
y te anima a creer.

Es el hilo sencillo
que sueltas cual canción
que reescribes sin prisa
construyéndote el ser.

XIV

Demórate en el musgo
que cubre la pared,
en sus distintos verdes
y matices de luz.

Acerca tu mirada
y descubre en sus ojos
la pregunta que siempre
te ha querido hacer.

Su sencilla raíz
que deshace la roca
esconde ese misterio
que alimenta a los pájaros

XV

Lo que se ve nos calza
bosques, desiertos, mares...
prófugos y arribados
naturaleza somos.

Lo que se siente empuja
hacia horizontes tercos
hacia playas veladas
que cuentan lo que somos.

Lo que se oye orienta
nuestra nueva canción,
los verbos del lenguaje
que es todo cuanto somos.

XVI

Elevado y distante
creemos lo absoluto.
Cercano y a los pies
el arcoiris virgen
de su rostro imprevisto.
La tormenta ha pasado.

Tal vez la poesía
sea tan sólo eso,
dar nombre, bautizar,
a un sol desconocido,
al cielo reflejado
en un charco de agua.

XVII

La pureza del agua,
su transparencia, deja
ver en el fondo agujas
de ese pino que el viento
le arranca si le mece.

La música del agua,
ese son que persiste
de día y de noche
donde se oye la voz
de cuanto lleva dentro.

Pureza que ya es canto,
música que es espejo.

XVIII

Asciende a la montaña,
acepta sin quejarse
el roce de las piedras
sobre sus pies cansados,

recoge todo el polvo
con que el viento le carga
e inhala el aroma
de tomillo y romero
por senderos ocultos,
sabiéndose perdido,
respirando abandono,
por el sol ignorado.

XIX

Carga un hombre la leña
sin escribir un verso.
Con ella se calienta
y en silencio es feliz.
A su lado un perro
mordisquea unos troncos.

La llama se consume
y no deja memoria
de la resina seca
en las cenizas.

La vida por si misma
sin tambores ni historia.

XX

Detrás de la ventana
la noche se despide,
el viento abre los ojos
y las farolas callan.

La madrugada escribe
una canción, sin rostro
aún, en el espejo
que te busca y despierta.

Se proyecta tu sombra
en la pared del cuarto
y aprendes de sus gestos
a construir futuro.

XXI

Sentado en una roca
viendo el río que pasa
se han quedado tus ojos
los reflejos del agua.

La silueta de un olmo
con su sombra en tu espalda
forma y fija este instante
que llena una palabra.

Palabra que descubre
hoy con sus letras claras
que el ser se despereza,
la nada se desangra.

XXII

Ha vencido a la noche,
le despierta y levantan
gorjeos de gorrión
que anticipan sus himnos.

Una luz tenue y clara
desenciela raíces
para dar alimento
a sus ojos.

Madruga el poeta
atento a salvar
lo que el aire y el tiempo
descomponen.

XXIII

Al sol del mediodía
se agrietan los muros.

Arriesga en la batalla
tu mochila de sueños
porque perder la vida
será ganar la luz.

No eres nadie. Un soplo
que no mueve cenizas.

Seguro ya, sin nada,
puedes dejarte ir
por el sendero estrecho
hasta alcanzarlo todo.

XXIV

Hoy surcan otras nubes
y otros son los gorriones
y otra es la luz del cielo
en aquel patio único.

Sentado en hierba nueva
ha cerrado los ojos
seguro entre las sombras
bajo aquel árbol único.

Con una nueva rama
trazados en la arena
otros son ya los versos
de aquel niño único.

LA CASA QUE HABITAMOS SE ABRE A LO QUE VEMOS

por José Manuel Suárez

Con *La sombra del zapato*, Jesús Aparicio González insiste en la búsqueda del sentido de la realidad, sabiendo que lo que está a la vista y más a mano no siempre nos entrega su secreto, pues para ver hemos de saber el camino que llevamos.

Dos partes. La primera, que da título al libro, supone un cierto punto de inflexión con modos nuevos o poco frecuentados en libros anteriores, con registros y cadencias que enriquecen su poesía. Un aire más reflexivo; un ahondamiento en lo que antes solo era contemplación; una presentación menos descriptiva de las cosas hacia una visión más metafísica y honda de cuanto vemos flotando en la superficie; un deseo de ver por dentro.

La segunda parte, «Los secretos del polen», es una larga y disciplinada meditación metapoética construida en modo circular: palabra en el tiempo levantando la casa que habitamos y que nos lleva muy lejos. Desde dentro de casa la realidad, que tantas veces da dolor, nos dará también su transparencia. La segunda parte revierte sobre la primera y la fecunda aportando una dirección a la mirada.

Jesús Aparicio cultiva aquí con especial acierto y con mayor frecuencia que en otros libros el verso corto o muy corto, tan apto para ahondar como un clavo; también un rotundo empleo de la estrofa breve, que deja en suspenso el avance, que pide silencio y una pausa mayor. Nos habla, especialmente en la segunda parte, en versos bien medidos, que nos hacen volver a nuestra noble tradición, que hoy parece que solo merece displicencia y olvido.

La sombra del zapato rotura territorios expresivos nuevos en el conjunto de la obra del autor, en los que la retórica recupera su valía, su dignidad y fuerza, su precisa exigencia. Hoy se repite mucho como gran elogio de un libro que no tiene retórica. Creo que es un error. Todo decir tiene su retórica, o sea, su modo de estar dicho. Sin retórica el decir se vuelve tartamudo. Mas la retórica no puede ser impostada sino sabia. Y sabia es la retórica de Jesús Aparicio pues su presencia es discreta, necesaria, nunca forzada.

En un avance sin sobresaltos Aparicio insiste pero no se repite; cultiva un campo que sus lectores conocemos bien pero la cosecha es nueva. Sabrá guardar de ella algunas semillas buenas para una futura siembra.

ÍNDICE

Esta obra poética de Jesús Aparicio
terminó de componerse en la
colección «Carpe Diem«
de ARS POETICA
en el día 25 de
julio de
2018